Rainald Bierstedt

Das Arbeitsheft zum Buch

Abschlag Rio: Jugend trainiert GOLF für Olympia

Bibliografische Information der Deutschen Nationalbibliothek:
Die Deutsche Nationalbibliothek verzeichnet diese Publikation in der Deutschen Nationalbibliografie.
Detaillierte bibliografische Daten sind im Internet über http://dnb.d-nb.de abrufbar.

Überarbeitete Auflage Juni 2012
Herstellung und Verlag:
Books on Demand GmbH, Norderstedt
ISBN 978-3-8423-6639-8

Ein Beitrag

zur

Verbreitung

der

Olympischen Idee

im

Schulgolfsport

Arbeitsmaterialien zum Buch

Abschlag Rio:
Jugend trainiert GOLF für Olympia
von Rainald Bierstedt

INHALT:

I. Arbeitsblätter

II. Lösungsblätter

Arbeitsblatt 01

Die Olympischen Spiele im Zeitraffer

Aufgabe:
Ergänze die fehlenden Angaben in der grafischen Darstellung.

Lies dazu im Kapitel I und Kapitel VII des Handbuches nach.

Die Olympischen Spiele der Neuzeit

XXII. Olympische Winterspiele in _____ im Jahr _____
I. Olympische Winterspiele in _____ im Jahr _____

XXXI. Olympische Sommerspiele in _____ im Jahr _____
I. Olympische Spiele in _____ im Jahr _____

Versuche zur Wiederbelebung der Olympien

„Zappian Games" von _____ bis _____
„Wenlock Olympian Games" von _____ bis heute
„Olympiades de la République" von _____ bis _____
„Drehberg-Festspiele" von _____ bis _____
„Olimpick Games upon Cotswold-Hills" von _____ bis ca. _____

Die Olympischen Spiele der Antike
im griechischen Olympia

Verbot der Spiele durch den römischen _____ im Jahr ____ n. Chr.

Die letzten, die 287. Spiele, im Jahr ____ n. Chr.

Die 1. Spiele im Jahr ____ __ ____

Arbeitsblatt 02

Olympismus antik und neuzeitlich

1. Der Gleichklang

A) Gleichklang im Grundsätzlichen:

Die Olympische Idee der Antike:
Die Olympische Idee fußt vor allem auf der **Kalokagathia.**

<u>Aufgabe:</u>
Lies dazu nach im Kapitel I und arbeitet heraus, was diese beinhaltet.
Die Kalokagathia beinhaltet_____

_____

_____

_____

_____

_____

_____

Die Olympische Idee der Neuzeit:
Coubertin: die Olympische Idee ist vor allem eine pädagogische.

<u>Aufgabe:</u>
Lies mehr dazu im Kapitel I und arbeitet heraus, was moderner Olympismus laut IOC bedeutet.

Das IOC:
Der Olympismus ist _____

_____

_____

_____

_____

B) Gleichklang auch in der Organisation (bei unterschiedlichen Inhalten):

<u>Aufgabe:</u> *Finde weitere „Gleichklänge" heraus:*

> _____
> _____
> _____
> _____
> _____
_____

Arbeitsblatt 03

Olympismus antik und neuzeitlich

2. Der Unterschied

<u>Aufgabe:</u>
Lies nach im Kapitel I und finde die Unterschiede heraus.

	Olympische Spiele der Antike	Olympische Spiele der Neuzeit
Territoriale Ausdehnung national oder international		
Weltanschauliche Orientierung		
Austragungsort		
Athleten		
Ergebnisermittlung		
Siegerehrung		
Einhaltung der Regeln		
Eintritt		

Arbeitsblatt 04

Golf in Aktion: Ein „Olympischer Golf-Pentathlon"
in Anlehnung an den 5-Kampf der Olympischen Spiele der Antike (Pentathlon)
5 Wettbewerbe = 5 Mal Freude am Golfen in einer anderen Weise

Das Pentathlon, der Fünfkampf, wurde erstmals 708 v. Chr. bei den 18. Olympischen Spielen ausgetragen. Die Griechen liebten diesen Wettbewerb und verehrten die Athleten, die aufgrund ihres vielseitigen Trainings wohlgeformte Körper hatten. ***Lies mehr darüber in Kapitel I.***
Wichtig: Die Weiten wurden nicht gemessen. Zunächst wurde die Weite des ersten Athleten markiert (z.B. mit einem Pflock). Die folgenden Athleten versuchten dann, diese Weite zu übertreffen. Nur in diesem Falle wurde die Markierung entsprechend verändert. Man ermittelte also nur den Sieger.

Aufgabe 1:
Finde zunächst die 5 Disziplinen heraus:

1. _____

Das antike Gerät wurde wahrscheinlich nur mit einer ¼ oder ½ Drehung geworfen (heute 1 ½ Drehung). Aufgrund der schweren Wurfgeräte (2 bis fast 5 kg) kam man auf geschätzte 30 m.
In etwa so weit geht es beim Golfen auch mit einem Pitch.

2. _____

Aus dem Stand ging es hinein in aufgelockerte Erde.
Heißt für uns: Wir machen es golfbezogen umgekehrt: aus der aufgelockerten Erde, sprich Sandbunker, schlagen wir den Ball heraus.

3. _____

Hierbei ging es richtig um Weite.
Bei uns geht es vor allem beim Abschlag um Weite. Also kämpfen wir um den longest Drive.

4. _____

War bis zu den 14. Olympischen Spielen der Antike die einzige Sportart, ein Kurzstreckenlauf über die Länge eines Stadions, hier als Längenmaß von ca. 192 m.
Daraus lassen sich 2 golferische Aspekte ableiten: a) Diese Distanz entspricht einem Par-3 Loch.
b) Laufen + Golfen = Speedgolf. Also, ein Speedgolf-Wettkampf auf einem Par-3 Loch.

5. _____

Eine harte Sache: Mann gegen Mann.
Nun, beim Golfen geht es nicht so ruppig zu. Aber Mann gegen Mann oder Frau gegen Frau, das geht beim Golfen auch, z.B. beim Match-Play. Auf der Driving Range wäre ein Putt-Duell auf dem Putting-Green eine spannende Sache.

Aufgabe 2 - Golf in Action:
Wir treten zu einem „Olympischen Golf-Pentathlon" an!

1. Pitch-Contest über ein hohes Hindernis
  Wertung: Wer schafft die meisten Pitches nacheinander über das hohe Hindernis?

2. Sand-Spiele: Schläge aus einem (möglichst tiefen) Bunker
  Wertung: Wer kommt am dichtesten an die Fahne heran?

3. The longest Drive
  Wertung: Wer kommt am weitesten?

4. Speedgolf, 1 Spielbahn, Par 3
  Wertung: Anzahl der Schläge + Zeit ergibt die Gesamtpunktzahl

5. Das Putt-Duell
  Wertung: nach K.O.-System, die Gewinner kommen jeweils 1 Runde weiter bis der Sieger feststeht. Pro Runde soviel Putts bis einer 2:0 bzw. 3:1 oder 3:2 gewonnen hat. Länge der Putts: 2 m, 4 m, 6 m. Bei Gleichstand wird das Loch nochmals gespielt bis einer gewinnt.

Gesamtwertungssystem: Da es selbst unter den Forschern keine einheitliche Auffassung gibt, nach welchem System beim antiken Pentathlon verfahren wurde, machen wir es so: ihr überlegt euch selber, nach welchem Modus der Sieger ermittelt wird.

Arbeitsblatt 05

Auf den Spuren des Baron Pierre de Coubertin

Die einzelnen Schritte auf dem Weg zur Wiedereinführung der Olympischen Spiele

Aufgabe:
Beantworte die Fragen 1 bis 7, siehe unten. Schlag nach im Kapitel I und Kapitel VII.

1. Besonders beeindruckt zeigte sich der junge Coubertin von der Schulsportpraxis an der Public School in der mittelenglischen Stadt Rugby. Der Headmaster Thomas Arnold führte von 1828 bis 1842 grundlegende sportpädagogische Reformen an seiner Schule durch.
Worin bestand der Kern dieser Reformen?

_____

_____

2. Verschiedene Bildungsreisen führten Coubertin ab 1883 nach England und Nordamerika.
Wozu inspirierten ihn diese Reisen?

_____

_____

_____

_____

3. Die deutschen Ausgrabungen in Olympia von 1875 bis 1881 interessierten Coubertin sehr.
Wozu regten diese Ausgrabungen Coubertin an?

_____

_____

4. So genannte „olympische" Sportfeste in vielen Ländern Mitte/Ende des 19. Jahrhunderts, besonders die Much Wenlock Olympian Games in England, ließen bei Coubertin die Idee von *internationalen* Olympischen Spielen reifen.
Er verfolgte zwei grundlegende Ziele. Welche waren es?

_____

_____

5. Erstmals trat Coubertin im November 1892 mit seinen Vorstellungen an die Öffentlichkeit. An der Pariser Sorbonne hielt er einen Vortrag über Geschichte und Bedeutung „körperlicher Übungen". Aus dieser Rede ist ein Aufruf impulsgebend geworden.
Um welchen berühmten Aufruf Coubertins handelt es sich?

„_____

_____

_____"

6. Im Juni 1894 lud Coubertin zu einem Internationalen Kongress nach Paris ein. An dessen Ende standen zwei fundamentale Beschlüsse. **Welche?**

_____

7. Die 1. Olympischen Spiele finden 1896 in Athen mit großem Erfolg statt. Nach den Spielen übernahm Coubertin ein wichtiges Amt im IOC, das er bis 1925 ausübte. **Welches Amt war das?**

_____

Arbeitsblatt 06

Die Olympische Idee

Aufgabe:
Lesen und diskutieren.
Worin bestehen die Kerngedanken der Olympischen Idee?

Lies dazu den Text (siehe unten) gründlich durch.
Schlag auch nach im Kapitel I und Kapitel VII.

In der deutschen Sprache werden 3 Begriffe gebraucht, die eigentlich identisch sind:
Die Olympische Idee; der Olympische Gedanke; der Olympismus.

In der Charta des IOC, Fassung vom 7. Juli 2007, heißt es im Abschnitt „Grundlegende Prinzipien des Olympismus" unter anderem:
„Der Olympismus ist eine Lebensphilosophie, die in ausgewogener Ganzheit die Eigenschaften von Körper, Wille und Geist miteinander vereint und überhöht. Durch die Verbindung des Sports mit Kultur und Bildung zielt der Olympismus darauf ab, eine Lebensart zu schaffen, die auf der Freude an Leistung, auf dem erzieherischen Wert des guten Beispiels sowie auf der Achtung universell gültiger fundamentaler ethischer Prinzipien aufbaut.
Ziel des Olympismus ist es, den Sport in den Dienst der harmonischen Entwicklung des Menschen zu stellen, um eine friedliche Gesellschaft zu fördern, die der Wahrung der Menschenwürde verpflichtet ist." (Übersetzung von Prof. Dr. Christoph Vedder und Prof. Dr. Manfred Lämmer).

Unter der Olympischen Idee versteht man 5 Visionen/Ideen, die auf Coubertin zurückgehen:

1. _____
   _____
   _____

2. _____
   _____
   _____
   _____

3. _____
   _____

4. _____
   _____
   _____
   _____
   _____

5. _____
   _____
   _____

Arbeitsblatt 07

Was bedeutet es für uns Golfer, im Geiste der Olympischen Idee
(bzw. nach den Olympischen Idealen)
zu handeln?

<u>Aufgabe:</u>
Denke nochmals über Inhalt der Olympischen Idee nach und stelle dir persönlich die Frage:
Was heißt es für dich als Golfsportler, im olympischen Geist zu handeln?
Zur Beantwortung der Frage schlage auch in Kapitel III und Kapitel VII nach.

Im Sinne des Olympismus sich „olympisch" zu verhalten, heißt für mich …

1. ....

2. ....

3. ....

4. ....

5. ....

Arbeitsblatt 08

Höhepunkte der Olympischen Spiele

<u>Aufgabe:</u>

Neben den Wettkämpfen sind die Eröffnungsveranstaltung und die Schlussfeier die Höhepunkte der Olympischen Spiele. Stelle dir vor, dass du in Rio dabei sein könntest. Schon jetzt machst du dich mit dem Ablauf dieser beiden absoluten Highlights vertraut. Notiere dir den Ablauf dieser Feiern, die nach einer festen Zeremonie ablaufen. Schlag nach im Kapitel VII.

<u>Die Eröffnungsfeier der Olympischen Spiele:</u>

1.
2.
3.

4.
5.
6.
7.
8.

9.
10.

<u>Die Schlussfeier der Olympischen Spiele:</u>

1.

2.
3.
4.

5.

6.
7.
8.
9.

Arbeitsblatt 09

Olympische Symbolik (1)
Olympische Ringe; Olympische Hymne

A) Olympische Ringe

<u>Aufgabe</u>: Beantworte folgende Fragen: (siehe auch Kapitel VII)

1. Wie ordnet das IOC die Olympischen Ringe ein?

_____

2. Worin bestand Coubertins ursprüngliche Idee?

_____

3. Was symbolisieren die Ringe heute?

_____

4. Male die Ringe in den 5 Farben aus.

B) Olympische Hymne
   (deutsche Übersetzung)

Uralter unsterblicher Geist, wahrer Vater
der Schönheit, der Größe und der Wahrheit,
steig herab, offenbare dich uns hier als Blitz
in der Herrlichkeit deiner Welt, deines Himmels.
Beim Laufen, Ringen und beim Weitwurf
erleuchte die Kraft, die den edlen Spielen innewohnt,
und kröne mit dem nie verwelkenden Zweig,
und mache den Körper ehrenwert und wie aus Stahl.
Ebenen, Berge und Meere leuchten von dir
wie ein weißer und purpurfarbener großartiger Tempel,
und es eilen zu dem Tempel hier, als deine Pilger,
alle Nationen, o uralter, unsterblicher Geist.

<u>Aufgabe:</u> Interpretiere den Text:

Bedenke: Die Hymne wurde eigens für die 1. Olympischen Spiele 1896 in Athen geschrieben: von den Griechen Kostas Palamas (Text) und Spiridon Samaras (Komponist). Denke z.B. auch darüber nach: Hymnen sind im Allgemeinen Loblieder. **Trifft das auch auf diese Hymne zu?**

_____
_____
_____
_____
_____
_____
_____
_____
_____

Seit 1958 ist sie offizielle olympische Festmusik des IOC und wird während der Eröffnungs- und Abschlussfeier der Spiele beim Hissen/Einholen der Olymp. Flagge gespielt und/oder gesungen.

Arbeitsblatt 10

Olympische Symbolik (2)
Olympisches Feuer; Olympischer Eid

C) Olympisches Feuer, Olympischer Fackellauf

Das Olympische Feuer wird im griechischen _____ einige Monate vor der Eröffnung der Olympischen Spiele von Schauspielern in Gestalt von Priesterinnen vor den Ruinen des _____ entzündet. Choreografie und Kostüme sind der _____ nachempfunden. Das Feuer wird mittels Parabolspiegels durch Bündelung des Sonnenlichts entfacht. Danach wird es in einem Tongefäß in das alte Stadion getragen. Dort wird die Flamme durch die „Hohepriesterin" dem ersten Läufer _____ übergeben. Erste Station ist das Panathinaikon-Stadion in _____, in dem die 1. Olympischen Spiele der Neuzeit im Jahre _____ stattfanden.

Bis 2008: Der weitere Verlauf wird durch das NOK der jeweiligen Olympischen Spiele organisiert. Die Fackel wird normalerweise von _____ zu Fuß getragen, über längere Distanzen ist aber eine Beförderung mit anderen Transportmitteln wie Pferd, Auto, Fahrrad, Flugzeug oder Schiff möglich. Um einen sicheren Transport zu gewährleisten, kann die Flamme in einer Grubenlampe geschützt werden.

Aufgabe:
1. Fülle die Lücken aus.
2. Stell dir vor, du bist jetzt Mitglied des NOK von Brasilien. Erarbeite einen Vorschlag für die Route des Fackellaufes 2016. Beachte unbedingt die neuen Festlegungen des IOC von 2009 über die Durchführung des Olympischen Fackellaufs, siehe dazu auch Kapitel VII unter F.

D) Der Olympische Eid
Der Olympische Eid ist eine Art Verpflichtung der Teilnehmer der Olympischen Spiele. Bereits bei den Olympischen Spielen der Antike war es Tradition, dass die Athleten schworen, die Regeln der Wettkämpfe zu achten und sich den Mitstreitern gegenüber fair zu zeigen.

Bei den Spielen 1920 in Antwerpen wurde dieser Brauch wieder eingeführt. Der Text wurde danach mehrmals geändert.

Seit Sydney 2000 gilt dieser Eid:

„Im Namen aller Athleten verspreche ich,
dass wir an den Olympischen Spielen teilnehmen
und dabei die gültigen Regeln respektieren und befolgen
und uns dabei einem Sport ohne Doping und ohne Drogen verpflichten,
im wahren Geist der Sportlichkeit,
für den Ruhm des Sports und
die Ehre unserer Mannschaft."

Aufgabe:
1. Diskutiert den Inhalt des Versprechens.

2. Sprecht ihn schon mal probeweise nach, laut und deutlich.

Arbeitsblatt 11

The IOC-Campaign „Olympism in Action"

Aufgabe:
Wende deine Englischkenntnisse an, übersetze oder schlage nach (Kapitel I), kommentiere.

The motto: „To build a better world through sport"
Das Motto: „_____"

The content: (_____)

3 Olympic Values: (_____)

1. Excellence (_____)
   Das bedeutet für mich: _____
   _____.

2. Respect (_____)
   Das bedeutet für mich: _____
   _____.

3. Friendship (_____)
   Das bedeutet für mich: _____
   _____.

6 Fields of Activities: (_____)

1. Development through sport: Putting human beings first
   _____

2. At grassroots level: Sport belongs to everyone
   _____

3. Education through sport: Developing body, will and mind
   _____

4. Peace through sport: Forging friendships among athletes
   _____

5. Environment: Preserving precious resources
   _____

6. Women and sport: Promoting women's participation
   _____

Arbeitsblatt 12

Fair geht vor: 1. Grundsätzliches

Coubertin:
"Das Wichtige am Leben ist nicht der Triumph, sondern der Kampf. Wesentlich ist nicht gesiegt, sondern *ritterlich gut gekämpft* zu haben."

Daraus folgt:
Fair Play ist mehr als das Einhalten von Regeln, obwohl das schon viel ist.
Fair Play ist vor allem *eine Geistes- und Charakterhaltung*

Aufgabe:

Lest in Kapitel IV nach und diskutiert darüber:
Wie ist das zu verstehen? Welche (moralischen) Grundhaltungen sind damit gemeint?
Welche Verhaltensweisen stehen dem entgegen?

Mache dir Notizen:

_____
_____
_____
_____
_____
_____
_____
_____
_____
_____
_____
_____
_____
_____
_____
_____

Halten wir abschließend fest:

1. Fair Play ist eine moralische Grundhaltung, sie bedarf der ...

_____ ,
_____ ,
_____ ,
_____ ,
_____ und
_____ .

2. Fair Play bedeutet Verantwortung gegenüber dem _____ als dem sportlichen _____ und schließt in diesem Sinne den Respekt vor des Partners _____ und _____ Unversehrtheit ein, also Respekt vor dessen _____ !

3. Fair Play bedeutet auch:
P _ _ _ _ _ _ _ zu beziehen gegen Missachtung der Olympischen Werte, wie:

D _ _ _ _ , B _ _ _ _ _ , R _ _ _ _ _ _ _ _ , B _ _ _ _ _ _ _ _ _ _ _ _ , B _ _ _ _ _ _ _ _ _ _ .

Arbeitsblatt 13

Fair geht vor: 2. Golf und Fair Play

Mit dem „**Spirit of the Game**" wird der wahre Geist des Golfspiels beschrieben.

Aufgabe 1:
Arbeite heraus: Worin besteht dieser Geist? Nenne die vier Säulen und erläutere diese.
Man kann in Kapitel IV nachlesen.

Der „Spirit of the Game" besteht aus diesen 4 Säulen:

1. _____ ,

2. _____ ,

3. _____ ,

4. _____ .

Der Athlet soll also jederzeit den Sportgeist erkennen lassen.
Diese vier Verhaltensweisen kann man sich z.B. auch, mit diesen vier Stichworten einprägen:

H E R D
1. H = wie _____

2. E = wie _____

3. R = wie _____

4. D = wie _____

Aufgabe 2:
Setzt euch kritisch und selbstkritisch mit Fair-Play-Fragen *in der Golf-Gruppe* auseinander, ohne zänkisch oder beleidigend zu sein.
Zunächst, sammelt Beispiele, die wir im Sinne von Fair Play und damit als beispielhaft einordnen können.
Sprecht dann über Verhaltensweisen beim Golftraining oder Wettspiel, die wir als unfair einstufen würden.

_____
_____
_____
_____
_____
_____
_____
_____
_____

Arbeitsblatt 14

Fair geht vor:
3. Fair Play in Action

Über Fairness zu reden ist zwar wichtig, doch noch wichtiger ist es, sich fair zu verhalten, getreu dem Hinweis von Erich Kästner:

"Es gibt nichts Gutes, außer man tut es."

Fair Play kann man lernen / trainieren!

Los geht's:

Aufgabe:

Wählt eine oder mehrere Aktivitäten aus, stellt dann zunächst kurz klar, worauf es besonders bei Fair Play ankommt und praktiziert danach diesen Fair Play-Schwerpunkt ganz bewusst.

Action 1: Auf der Driving Range
Fair Play-Schwerpunkt:
> _____

Action 2: Learning by doing: Etikette/Regelkunde in Aktion, auf 1-3 Spielbahnen
Fair Play-Schwerpunkt:
> _____

Action 3: Mannschaftswettbewerb, Texas Scramble, Kurzplatz, 6-9 Löcher
Fair Play-Schwerpunkt:
> _____

Action 4: Einzel-Zählspiel, 3-4 Löcher
Fair Play-Schwerpunkt:
> _____

Final-Action: Wettspiel über 9 Loch auf dem Masterplatz
Fair Play-Schwerpunkt:
> _____

Arbeitsblatt 15

Citius – Altius – Fortius

Aufgabe: Fülle die Lücken aus.

Wenn es um Leistungen im Sport geht, wird das Olympische Motto „citius-altius-fortius" (_____ / _____ / _____) ins Feld geführt. Dieser Leitgedanke wird unterschiedlich ausgelegt. Zum einen: im Hochleistungssport wird leider zum Teil mit unehrlichen Mitteln gekämpft, weil man eben schneller, höher, stärker als alle anderen sein will, um über den Sieg an das große Geld zu kommen.

Zum anderen: die Verfechter der Olympischen Ideale erinnern an _____ __ _____, den Begründer der Olympischen Spiele der Neuzeit, der den Sportlern sinngemäß mit auf dem Weg gab: *Nicht der _____ ist das Wichtigste, sondern ritterlich gut gekämpft, sich dabei verbessert und mit Freude hinzugelernt zu haben.* Dieser olympische Anspruch gilt auch heute noch.

Wichtige Erkenntnis daraus:

Die olympische Leistungserwartung hat demnach eine individuelle Dimension, ist also eine Aufforderung zur _____ Leistungsbereitschaft.

Generelle Schlussfolgerungen:

Olympisch handelt also derjenige, …

> der aus seinen Möglichkeiten ____ _____ _____ gibt, um etwas besser zu können als zuvor,

> der um die Erreichung seiner _____ Leistungsziele kämpft,

> der auf dem Wege dazu, auch _____ empfindet.

Das trifft für alle Ebenen des Sports zu: für den Leistungssport wie für den Breitensport.

In diesem Sinne begreifen wir auch die Devise der Deutschen Olympischen Gesellschaft (DOG) „Leistung _____ ____".

Der Sieg ist zwar der höchste Ausdruck sportlicher Leistungsfähigkeit, aber er ist eben nicht alles.

Für mich ganz persönlich:

citius-altius-fortius heißt für mich:	*Bewerte dein Engagement (mit Schulnoten)*	*Welche Schlüsse ziehst du daraus?*
1. sich sportliche Ziele zu setzen,		
2. beharrlich zu üben,		
3. wirklich wetteifern zu wollen,		
4. Leistungsbereitschaft und Leistung zu zeigen,		
5. ein individuell gutes Resultat anzustreben,		
6. nicht ohne triftigen Grund aufzugeben,		
7. Regeln und Absprachen einzuhalten,		
8. Rücksicht auf andere zunehmen,		
9. Niederlagen zu akzeptieren u. daraus zu lernen.		

Arbeitsblatt 16

Ein kurzer Blick zurück:
Die Olympischen Golfturniere 1900 Paris und 1904 St. Louis

Aufgabe:
Lies in Kapitel I nach und komplettiere die vergleichende Tabelle.

	1900	1904
TEILNAHME Nationen Männer Frauen		
GOLFANLAGE 9 Löcher / 18 Löcher		
TURNIERMODUS Damen Männer		
PLATZIERUNGEN Damen Männer		

Arbeitsblatt 17

Der Blick nach vorn:
Die Olympischen Golfturniere 2016 und 2020

Der Beschluss des IOC, Golf wieder ins Programm zu nehmen, bedeutet, das Golf zunächst nur für zwei Olympische Spiele vorgesehen ist, für die Spiele 2016 und 2020. In 2017 entscheidet das IOC darüber, ob Golf ab 2024 weiter im Olympischen Programm bleibt.

<u>Aufgaben:</u>

1. Wir konzentrieren uns zunächst auf das Naheliegende: Informiere dich in den Medien, sammle und ergänze die Fakten über das Olympische Golfturnier 2016:

Der Zeitpunkt:
Die Olympischen Spiele werden im Jahr 2016 vom ___ bis ___ August in _____ (Brasilien) ausgetragen.
An insgesamt __ Tagen findet das Olympische Golfturnier statt.

Austragungsort:
_____ im Bezirk _____ bei _____

designt von _____ _____ _____ _____, USA

Auf Vorschlag der International Golf Federation (IGF) wird das Olympische Golfturnier getrennt nach Herren und Damen wie folgt ausgetragen:

Der Modus:
An ___ Tagen für die Herren und ____ Tagen für die Damen wird als Spielform ein
Einzel-_____ über ____ Löcher gespielt.
Wer nach diesen ____ Runden die _____ Schläge benötigt hat, ist Olympiasieger. Im Falle eines Stechens werden ____ Löcher zusätzlich gespielt. Die drei Besten erhalten die Gold-, Silber- und Bronzemedaille.

Teilnehmer:
Das Teilnehmerfeld wird sich aus ___ Damen und ___ Herren zusammensetzen.
Basis der Auswahl: Die besten ___ der Weltrangliste qualifizieren sich automatisch, unabhängig aus welchem Land sie kommen.
Der Rest des Feldes wird ebenfalls durch die Weltrangliste bestimmt, aber mit maximal __ Spielern pro Land.

2. Organisiert euer „eigenes Olympia-Turnier".
Je nach vorhandenen Bedingungen und Zeitvolumen könnt ihr einen Modus festlegen, der dem Olympischen Modus nachempfunden ist.
Nach Möglichkeit sollten jedoch eine kleine Eröffnungsveranstaltung sowie eine würdige Siegerehrung stattfinden.

Anregungen dazu erhaltet ihr auch im Kapitel VII.

Arbeitsblatt 18

Landeskundliches: Rio de Janeiro

Aufgabe:
Erinnere dich an deinen Erdkundeunterricht bzw. vertiefe deine Geo-Kenntnisse. Nutze auch folgende Informationen über Land und Leute, die du ja vielleicht einmal besuchen wirst.

Wo liegt eigentlich Rio de Janeiro?
Rio liegt auf dem Kontinent Südamerika im Südosten des Landes Brasilien, gelegen am Atlantik in der Guanabara-Bucht, etwa 31 Meter über dem Meeresspiegel. Landwärts wird die Stadt von dem Gebirgszug Serra do Mar (Teil des zentralbrasilianischen Hochlandes) begrenzt. Die landschaftliche Schönheit machen vor allem die zahlreichen Buchten, die herrlichen Sandstrände sowie die Morros (die Granithügel der Ausläufer der Serra do Mar) aus. Höchster Punkt des Stadtgebietes ist der 1022 Meter hohe Pico da Tijuca, mitten in einem Naturschutzgebiet. Durch eine Hügelkette wird die Stadt in eine Süd-Zone (Atlantikküste) und eine Nord-Zone (Altstadt, Geschäftszentrum) geteilt.

Zur Größe und Bedeutung der Stadt:
Rio ist die zweitgrößte Stadt Brasiliens (nach Sao Paulo) und zugleich Hauptstadt des gleichnamigen Bundesstaates Rio de Janeiro (von insgesamt 26 Bundesstaaten). Von 1763 bis 1960 war Rio de Janeiro Hauptstadt Brasiliens (danach Brasilia). Rio ist nach Sao Paulo bedeutendstes Handels- und Finanzzentrum sowie Tourismuszentrum Nummer 1 des Landes. Bedeutung und Ausstrahlung der Stadt werden sich mit der Vorbereitung und Durchführung der Olympischen Spiele noch erhöhen. In der Stadt leben ca. 6,5 Mio. Menschen, in der Region um Rio etwa 12 Mio.

Zum Klima:
Zum Zeitpunkt des Olympischen Golfturniers im Monat August ist auf der Südhalbkugel, also auch in Rio de Janeiro, Winter. Da sich Rio jedoch in der tropischen Klimazone befindet, können die Olympia-Golfer auf warmes Wetter hoffen. Die Golfer können mit folgenden Durchschnittswerten rechnen:
Tages-Temperatur: ca. 25 – 26 ° C (Info: wärmster Monat: Februar ca. 30 ° C),
Nacht-Temperatur: ca. 18 – 19 ° C,
Niederschlagsmengen: ca. 50 mm (Info: im Dezember ca. 170 mm),
Regentage: etwa 6 (Info: ca. 13 Regentage im Dezember).
Es weht vorwiegend ein trockener, mäßig starker Wind aus südöstlicher Richtung, der so genannte Südost-Passat.

Zur Bevölkerung:
Die meisten Einwohner Rio de Janeiros sind portugiesischer Abstammung. Andere große Bevölkerungsgruppen sind die Pardos (mit brauner Hautfarbe) und die Afrobrasilianer. Die Mehrheit der Bevölkerung ist christlich orientiert. Katholiken stellen die Mehrheit. Cariocas, wie man die Einwohner von Rio nennt, gelten als überaus freundlich. Offizielle Landessprache ist portugiesisch, man kann sich aber auch in Englisch und Spanisch verständigen.

So viel Zeit muss sein – Vor oder nach den Wettkämpfen unbedingt besuchen:
den „Zuckerhut" (Granithügel, 394 m hoch), die 38 m hohe Christus-Statue (auf dem 704 m hohen Corcovado) sowie die weltberühmten Sandstrände in Ipanema und Copacabana, aber auch das „Museu Chácara do Céu" (zeigt Werke Pablo Picassos) und den Botanischen Garten.

Arbeitsblatt 19

Die Jugendlager anlässlich der Olympischen Spiele

Aufgabe:

Nicht alle Golfsportler können bei Olympia starten. Vielleicht ist aber eine Teilnahme an den Jungendlagern anlässlich der Olympischen Spiele möglich. Nimm diesen Lesetext als Anregung, um dich ausführlicher über diese Seite des modernen Olympismus zu informieren. Da Golf jetzt olympisch ist, wird es sicherlich auch bald möglich sein, als Nachwuchsgolfer daran teilzunehmen.

***

Es ist zu einer guten Tradition geworden, direkt am Austragungsort der Olympischen Spiele so genannte Deutsche Olympische Jugendlager durchzuführen. Diese Camps werden im Auftrag des DOSB von der Deutschen Olympischen Akademie (DOA) und der Deutschen Sportjugend (dsj) organisiert. Das Bundesministerium für Familie, Senioren, Frauen und Jugend fördert diese hervorragende Initiative. Die letzten Treffen fanden 2010 in Vancouver und 2012 in London statt.

Das Ziel besteht darin, …
1. über das unmittelbare Erleben der „olympischen Atmosphäre" die leistungssportliche Motivation der Nachwuchsathleten zu festigen,
2. die Vereins- und Verbandsarbeit und das sportpolitische Engagement anzuregen,
3. olympische Werte zu vermitteln sowie
4. den interkulturellen Austausch zu fördern.

Jugendliche im Alter von 16 - 19, die bestimmte Voraussetzungen erfüllen, können sich über ihre jeweiligen Fachverbände bewerben. Zu diesen Voraussetzungen gehören:
➢ Zugehörigkeit zum Nachwuchskader des Verbandes,
➢ soziales Engagement,
➢ Interesse für Musik und Kultur,
➢ gute schulische Leistungen und
➢ Fremdsprachenkenntnisse.

Die Kostenbeteiligung der Teilnehmer beträgt nur ca. 500 Euro für die 2 Wochen.

Monate vor den Spielen werden die ausgewählten Teilnehmer bei einem gesonderten Vorbereitungstreffen auf die Tage vor Ort vorbereitet. Dabei stehen zum Beispiel solche Themen auf der Agenda wie …
➢ Auseinandersetzung mit Fragen des Olympischen Gedankens und der Olympischen Werte,
➢ grundsätzliche Aspekte der Olympischen Erziehung,
➢ das Kennenlernen des Gastgeberlandes,
➢ das Kennenlernen untereinander sowie
➢ die Klärung organisatorischer Fragen.

Am Olympia-Ort und eingekleidet mit einer Olympia-Kleidung nehmen die Jugendlichen aktiv teil an den kulturübergreifenden Programmen, die das IOC und das Gastgeberland für junge Leute aus der ganzen Welt vorbereitet hat. Im Kern geht es um das Kennenlernen anderer Kulturen sowie das Hineinschnuppern in die Olympische Atmosphäre. Und natürlich fiebert man besonders bei den Olympischen Wettkämpfen mit.

In diesem Sinne tragen unsere Teilnehmer des Olympischen Camps zur Völkerverständigung bei und repräsentieren zugleich in würdiger Form ihr Heimatland und ihren DOSB.

Arbeitsblatt 20

Youth Olympic Games (YOG):
Die Olympischen Jugendspiele

__Aufgabe:__

Die Olympischen Jugendspiele gibt es erst seit 2010. Ob Golf auch hier gespielt werden kann, wird sich zeigen. Möglich ist es. Betrachte diesen Lesetext als Info für dich über diese neue Errungenschaft des Olympismus.

***

Die YOG sind ein Sportereignis für junge Athletinnen und Athleten, das sich an den Olympischen Spielen orientiert. Neben den sportlichen Wettbewerben stehen pädagogische und kulturelle Inhalte im Mittelpunkt. Die Einführung der Olympischen Jugendspiele hat das IOC am 5. Juli 2007 bei der 119. Session in Guatemala-Stadt beschlossen. Damit nimmt das IOC seine besondere Verantwortung und Verpflichtung gegenüber der Jugend von heute und von morgen wahr, in dem ein eigener Event im Geist der Olympischen Spiele angeboten wird. Die 1. Olympischen Sommer-Jugendspiele wurden im August 2010 in Singapur und die 1. Olympischen Winter-Jugendspiele im Januar 2012 in Innsbruck ausgerichtet. Im vier Jahres-Zyklus geht es dann weiter. Im Sommer sind 12 Wettkampftage und im Winter 10 Tage vorgesehen.

Die Zielstellung

Die Jugendspiele sollen junge Athletinnen und Athleten darin bestärken, ihren im Leistungssport eingeschlagenen Weg auf der Basis ethischer Werte und fundamentaler Prinzipien (siehe IOC-Charta) fortzusetzen.

Das Wettkampfprogramm

Das Sportprogramm der Sommer-YOG umfasst 26 Sportarten mit 201 Wettkämpfen. Durch die Vergabe so genannter „Universality Places" wird jedem der 205 NOKs die Teilnahme von mindestens vier Teilnehmern garantiert.
Die Wettkämpfe werden in diesen Altersgruppen durchgeführt:
 - ➢ 15 bis 16 Jahre,
 - ➢ 16 bis 17 Jahre oder
 - ➢ 17 bis 18 Jahre.

Bei den Individualsportarten ist die Anzahl der Starter auf maximal 70 Athleten pro NOK festgelegt.
Während der Youth Olympic Games werden Dopingkontrollen durchgeführt (Urin- und Bluttests).

Das kulturelle und pädagogische Programm

Die Olympische Erziehung steht im Zentrum des Culture and Education Programme (CEP).
Sämtliche Teilnehmer werden sich in Workshops, Blogs, Chatrooms usw. austauschen können. Exkursionen vervollständigen das Programm.

Fünf zentrale Themen stehen zur Diskussion:

1. Der Olympismus;
2. Skills Development: Karriereplanung der Athletinnen und Athleten;
3. Well-being and Healthy Lifestyle: vorrangig Gesundheitsmanagement im Spitzensport;
4. Social Responsibility: soziale Verantwortung);
5. Expression: Kunst, Kommunikation, Medien.

Arbeitsblatt 21

Die dsj-Workcamps bei den YOG

Aufgabe:

Die Deutsche Sportjugend (dsj) organisiert Workcamps bei den Youth Olympic Games (YOG), den Olympischen Jugendspielen. Sicherlich werden eines Tages auch Nachwuchsgolfer dabei sein. Der Lesetext hält einige wichtige Infos für dich bereit. Mehr dazu erfährst du von der dsj, der Jugendorganisation im DOSB.

***

Zusätzlich zu den deutschen Athletinnen und Athleten bei den Olympischen Jugendspielen bietet die Deutsche Sportjugend (dsj) *jungen Nachwuchskräften* aus den Bereichen …

> ➤ Wettkampf (z.B. Schiedsrichter),
> ➤ Medien,
> ➤ Training und
> ➤ Management

die Möglichkeit an, Olympia live zu erleben und gleichzeitig die eigenen Fähigkeiten in ihrem Fachgebiet weiter zu entwickeln.

Zielstellung:

Mit diesen Workcamps will die dsj helfen, die Idee der Olympischen Jugendspiele zu verbreiten und mit Leben zu erfüllen. Dazu soll zunächst den Nachwuchskräften die Chance gegeben werden, die Jugendspiele vor Ort zu besuchen und zu studieren.

Die Teilnehmer werden die gemachten Erfahrungen und gewonnenen Erkenntnisse mit nach Deutschland in ihre Vereine und Verbände nehmen und so Impulse setzen.

Dauer des Camps:

2 Wochen

Drei Aktivitäten stehen im Mittelpunkt:

1. Teilnahme an Seminaren mit Experten des jeweiligen Fachgebietes (Training usw.),

2. Besuch der Wettkämpfe,

3. Kontakt zur deutschen Jugend-Olympiamannschaft pflegen.

Außerhalb der Wettkämpfe und Workshops steht ein breites Kultur, Sport- und Sightseeing-Programm auf dem Plan, um Land und Leute besser kennenzulernen.

Die Teilnehmer tragen einen Teil der Kosten selbst.

Arbeitsblatt 22

Olympisch
gut 'drauf mit der Golfetikette!

Ein Test über 18 Löcher:

Wie gut bist *du* schon 'drauf?

Fülle den Lückentext aus.

SICHERHEIT!

Erst gucken, dann schlagen!

Bevor du einen Schlag oder Übungsschwung machst, vergewissere dich, dass du niemanden

weder mit deinem S_ _ _ _ _ _ _
noch mit
aufgewirbelten M_ _ _ _ _ _ _ _ _
treffen könntest.

Arbeitsblatt 23

Olympisch
gut 'drauf mit der Golfetikette!

Außer Reichweite!

Schlage **erst**, wenn …

* die Spieler,
die vor dir auf der Bahn spielen,

außer R _ _ _ _ _ _ _ _ _ sind;

* die Greenkeeper,
die in deiner Nähe arbeiten,

_ _ _ _ _

getroffen werden können!

Arbeitsblatt 24

Olympisch
gut 'drauf mit der Golfetikette!

Gefahr!

Wenn Gefahr durch

B _ _ _ _ _ _ _ droht,

rufe laut

F_ _ _!

Spieler,
die in Gefahr sind,
wenden sich ab
und
halten die Hände schützend
vor das Gesicht.

Arbeitsblatt 25

Olympisch
gut 'drauf mit der Golfetikette!

RÜCKSICHTNAHME!

Nicht stören!

Störe nicht den Spieler, der
gerade S_ _ _ _ _ _ _ will, durch ...

* G _ _ _ _ _ _ _ _

* B _ _ _ _ _ _ _ _

* H _ _ _ _ _

Ruhe!!!

Arbeitsblatt 26

Olympisch
gut 'drauf mit der Golfetikette!

Nicht behindern!

Auf dem Grün sei besonders vorsichtig.

* **P** _ _ _ _ _ _ _ _ _ **nicht betreten!!!**

* **Wirf keinen S** _ _ _ _ _ _ _ **auf**

die Puttlinie!

Olympisch
gut 'drauf mit der Golfetikette!

Nicht auf dem Grün schreiben!

Nicht auf dem Grün verweilen und
eventuell die Anzahl der Schläge
der gesamten Spielbahn
nochmals nachzählen
wollen!

Andere F_ _ _ _ _ _ warten bereits!

Verständigt euch am besten

* u_ _ _ _ _ _ _ _ zum

nächsten Abschlag

und erledigt

die „Schreibarbeiten"

* _ _ nächsten Abschlag.

Arbeitsblatt 28

Olympisch
gut 'drauf mit der Golfetikette!

SPIELTEMPO!

Für ein zügiges Spieltempo!

Wir spielen zügig und bummeln nicht!

Wir halten A _ _ _ _ _ _ _ _ _!

Sonst kann es vorkommen, dass

die N_ _ _ _

einbricht
bevor
ihr
am
18.
Loch
seid.

Arbeitsblatt 29

Olympisch
gut 'drauf mit der Golfetikette!

Vorbereitet sein!

Sei stets auf deinen _ _ _ _ _ _ vorbereitet!

Das heißt:

du verfolgst aufmerksam das Spiel
und bist

j_ _ _ _ _ _ _ _   b_ _ _ _ _

zu spielen, wenn du an der Reihe bist.

Arbeitsblatt 30

Olympisch
gut 'drauf mit der Golfetikette!

Bag abstellen!

Wenn du das Grün erreicht hast, achte auf das Schild

„N_ _ _ T_ _ _".

Stelle dein Bag dort ab.

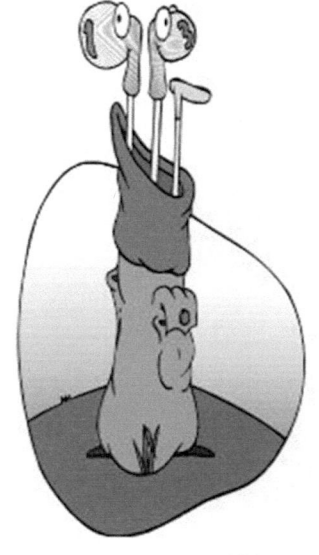

Nimm die Schläger mit, die du brauchst. Neben dem Putter oft auch ein Eisen für Chipping.

So „spart" man _ _ _ _!

Arbeitsblatt 31

Olympisch
gut 'drauf mit der Golfetikette!

Provisorischen Ball spielen!

Glaubst du, dass dein Ball

v_ _ _ _ _ _ _

oder

im A _ _

sein könnte, dann spiele einen

_ _ _ _ _ _ _ _ _ _ _ _ _ _ _ Ball,

aus Zeitgründen.

Arbeitsblatt 32

Olympisch
gut 'drauf mit der Golfetikette!

Ball suchen!

Falls du deinen oder den Ball eines

Mitspielers

suchst,

gib dem nachfolgenden _ _ _ _ _ _

ein Z _ _ _ _ _ _

und lasse ü _ _ _ _ _ _ _ _ .

**Spiele erst weiter, wenn dieser außer
Reichweite ist.**

Arbeitsblatt 33

Olympisch
gut 'drauf mit der Golfetikette!

VORRECHT

Spieltempo entscheidend!

Sofern nicht von der Spielleitung anders

festgelegt, wird das Vorrecht
auf dem Platz

durch das _ _ _ _ _ _ _ _ _ _

einer Gruppe

bestimmt.

Arbeitsblatt 34

Olympisch
gut 'drauf mit der Golfetikette!

SCHONUNG des PLATZES!

Bunker harken!

Im Bunker musst du unbedingt

deine _ _ _ _ _ sorgfältig einebnen.

Benutze die _ _ _ _ _.

Sollte diese mal nicht da sein, tue es

vorsichtig mit deinen Schuhen.

Arbeitsblatt 35

Olympisch
gut 'drauf mit der Golfetikette!

Divots einsetzen!

Herausgeschlagene Divots sind

G_ _ _ _ _ _ _ _ _,

die sofort wieder _ _ _ _ _ _ _ _ _ _ _

und

festzutreten sind.

Sie wachsen wieder an.

Arbeitsblatt 36

Olympisch
gut 'drauf mit der Golfetikette!

Einschlaglöcher beseitigen!

Die Einschlaglöcher des Balls
auf dem _ _ _ _,

egal, ob von dir verursacht oder nicht,
werden mit einer

P_ _ _ _ _ _ _ _ _

beseitigt.

Arbeitsblatt 37

Olympisch
gut 'drauf mit der Golfetikette!

Achtung bei Übungsschwüngen!

Vermeide bei

Übungsschwüngen

die B_ _ _ _ _ _ _ _ _ _ des

Platzes auf dem Fairway.

Direkt auf dem

Abschlag werden

_ _ _ _ _ Übungsschwünge

gemacht!

Gehe dazu an den Rand des Abschlags.

Arbeitsblatt 38

Olympisch
gut 'drauf mit der Golfetikette!

Vorsicht mit dem Flaggenstock!

Achte beim **B** _ _ _ _ _ _ _ des
Flaggenstocks
darauf, dass *weder*

* das _ _ _ _

noch

* das _ _ _ _

Schaden nehmen.

*Bin ich hier auf der 17 oder 18?
Egal, Loch ist Loch!*

Gehe nie zu dicht an die **L** _ _ _ _ _ _ _ _ heran!

Arbeitsblatt 39

Olympisch
gut 'drauf mit der Golfetikette!

STRAFEN für VERSTOß

Disziplinarische Maßnahmen möglich!

Fortgesetzte V _ _ _ _ _ _ _ gegen die Etikette

werden nicht hingenommen.

Die Spielleitung kann festlegen:

* _ _ _ _ _ _ _ _ _ _ _ _ auf dem Platz für eine best. Zeit

* _ _ _ _ _ _ für eine Anzahl von Wettspielen

*D _ _ _ _ _ _ _ _ _ _ _ _ _ _ nach Regel 33-7

Weeeer spurt hier nicht?!

Okay, okay, keine Gewalt beim Golfen!
Wir befolgen ja schon
die Golf-Etikette
und haben so
mehr Fun!
Ätsch!

II.

Lösungsblätter

Abschlag Rio:
Jugend trainiert GOLF
für Olympia

Lösungsblatt 01

Die Olympischen Spiele im Zeitraffer

Die Olympischen Spiele der Neuzeit

XXII. Olympische Winterspiele in **Sotschi** im Jahr **2014**
I. Olympische Winterspiele in **Chamonix** im Jahr **1924**

XXXI. Olympische Sommerspiele in **Rio** im Jahr **2016**
I. Olympische Spiele in **Athen** im Jahr **1896**

Versuche zur Wiederbelebung der Olympien

„Zappian Games" von **1859** bis **1889**
„Wenlock Olympian Games" von **1850** bis heute
„Olympiades de la République" von **1796** bis **1798**
„Drehberg-Festspiele" von **1776** bis **1799**
„Olimpick Games upon Cotswold-Hills" von **1612** bis ca. **1850**

Die Olympischen Spiele der Antike im griechischen Olympia

Verbot der Spiele durch den römischen Kaiser **Theodosius I.** im Jahr **394** n. Chr.

Die letzten, die 287. Spiele, im Jahr **393** n. Chr.

Die 1. Spiele im Jahr 776 v. Chr.

Lösungsblatt 02

Olympismus antik und neuzeitlich

1. Der Gleichklang

A) Gleichklang im Grundsätzlichen:

Die Olympische Idee der Antike:
Die Olympische Idee fußt vor allem auf der **Kalokagathia.**

Die Kalokagathia beinhaltet das griechische Erziehungsideal – die Einheit vom Guten und Schönen. Die griechische Gymnastik hatte einen hohen Stellenwert erlangt und war ein wichtiges Mittel der körperlichen Ertüchtigung sowie der Erziehung harmonisch vollendeter Menschen.
Der freie Bürger sollte körperlich wohlgeformt und charakterlich-moralisch sauber sein.
Die Gymnastik (das sportliche Training) und die Agonostik (die Wettkampftätigkeit) waren auf dieses Ziel ausgerichtet.
Es gehörte zu den Grundsätzen jener Zeit, Körper und Geist zu Ehren der Götter zu formen.

Die Olympische Idee der Neuzeit:
Coubertin: Die Olympische Idee ist vor allem eine pädagogische.

Das IOC:
Der Olympismus ist eine Lebensphilosophie, die in ausgewogener Ganzheit die Eigenschaften von Körper, Wille und Geist miteinander vereint und überhöht.
Durch die Verbindung des Sports mit Kultur und Bildung zielt der Olympismus darauf ab, eine Lebensart zu schaffen, die auf der Freude an Leistung, auf dem erzieherischen Wert des guten Beispiels sowie auf der Achtung universell gültiger fundamentaler ethischer Prinzipien aufbaut.

B) Gleichklang auch in der Organisation (bei unterschiedlichen Inhalten):

Weitere „Gleichklänge" sind:

> feierliche Eröffnungs- und Abschlussveranstaltung
> feierliche Siegerehrungen (nur für Platz 1 in der Antike)
> Eid der Athleten und Kampfrichter (Antike: mehr Schwur /// Neuzeit: mehr Versprechen)
> 4-Jahreszyklus der Olympischen Spiele
> Verhältnis zum Profisport: erst strikt dagegen; dann Zulassung:
   Antike ab ca. 400 bis ca.150 v. Chr. sowie 27 v. Chr. bis 393 n. Chr. /// Neuzeit ab 1988

Lösungsblatt 03

Olympismus antik und neuzeitlich

2. Der Unterschied

Unterschiede sind:

	Olympische Spiele der Antike	Olympische Spiele der Neuzeit
Territoriale Ausdehnung national oder international	griechisch national	international
Weltanschauliche Orientierung	religiöses Fest	demokratisch, offen
Austragungsort	Olympia	„Wanderspiele" wechselnde Orte
Athleten	nur griechische Männer aus wohlhabenden Familien	Männer u. Frauen (ab 1900)
Ergebnisermittlung	keine exakte Feststellung von Wettkampfergebnissen	genaue Feststellung nach Weite, Höhe, Punkten usw.
Siegerehrung	nur der Sieger wurde geehrt und verehrt, die anderen galten als Verlierer	Urkunden und Medaillen für die Plätze 1-3, Einzel und Team
Einhaltung der Regeln	die Nichteinhaltung wurde sehr hart bestraft, zum Teil durch Züchtigung	Regelwerk der Sportverbände sieht moderate „Strafen" vor
Eintritt	nur für Griechen; kostenlos, jedoch hohe finanzielle Belastung durch Anreise, Unterkunft usw.	weltoffen, Besuch nicht unbedingt abhängig vom Wohlstand

Lösungsblatt 04

Golf in Aktion:
Ein „Olympischer Golf-Pentathlon"

in Anlehnung an den 5-Kampf der Olympischen Spiele der Antike (Pentathlon)
5 Wettbewerbe = 5 Mal Freude am Golfen in einer anderen Weise

Das Pentathlon, der Fünfkampf, wurde erstmals 708 v. Chr. bei den 18. Olympischen Spielen ausgetragen. Die Griechen liebten diesen Wettbewerb und verehrten die Athleten, die aufgrund ihres vielseitigen Trainings wohlgeformte Körper hatten.

Wichtig: Die Weiten wurden nicht gemessen. Zunächst wurde die Weite des ersten Athleten markiert (z.B. mit einem Pflock). Die folgenden Athleten versuchten dann, diese Weite zu übertreffen. Nur in diesem Falle wurde die Markierung entsprechend verändert. Man ermittelte also nur den Sieger.

Die 5 Disziplinen sind:

1. Diskos, der Diskuswurf
Das antike Gerät wurde wahrscheinlich nur mit einer ¼ oder ½ Drehung geworfen (heute 1 ½ Drehungen). Aufgrund der schweren Wurfgeräte (2 bis fast 5 kg) kam man auf geschätzte 30 m.

In etwa so weit geht es beim Golfen auch mit einem Pitch.

2. Der Weitsprung
Aus dem Stand sprang man in aufgelockerte Erde hinein.

Heißt für uns: Wir machen es golfbezogen umgekehrt: Aus der aufgelockerten Erde, sprich Sandbunker, schlagen wir den Ball heraus.

3. Akontion, der antike Speerwurf
Hierbei ging es richtig um Weite.

Bei uns geht es vor allem beim Abschlag um Weite. Also kämpfen wir um The longest Drive.

4. Der Stadionlauf
War bis zu den 14. Olympischen Spielen der Antike die einzige Sportart, ein Kurzstreckenlauf über die Länge eines Stadions, hier als Längenmaß von ca. 192 m.

Daraus lassen sich 2 golferische Aspekte ableiten: a) Diese Distanz entspricht einem Par-3 Loch. b) Laufen + Golfen = Speedgolf. Also, ein Speedgolf-Wettkampf auf einem Par-3 Loch.

5. Pale, der Ringkampf
Eine harte Sache: Mann gegen Mann.

Nun, beim Golfen geht es nicht so ruppig zu. Aber Mann gegen Mann oder Frau gegen Frau, das geht beim Golfen auch, z.B. beim Match-Play. Auf der Driving Range wäre ein Putt-Duell auf dem Putting-Green eine spannende Sache.

Lösungsblatt 05

Auf den Spuren des Baron Pierre de Coubertin

Mögliche Antworten auf die 7 Fragen:

1. Worin bestand der Kern dieser Reformen?
Die sportpädagogischen Reformen sahen vor, den Sport zum festen Bestandteil der Erziehung der jungen Engländer zu machen.

2. Wozu inspirierten ihn diese Reisen?
Die Bildungsreisen inspirierten Coubertin, sich für notwendige Erziehungsreformen im republikanischen Frankreich einzusetzen. Die angelsächsische Sporterziehung faszinierte ihn. Coubertin wollte auch in Frankreich den Sport zum integralen Bestandteil der Erziehung der Jugend machen, die seiner Meinung nach dringend neue Impulse nach dem verlorenen Krieg von 1870/71 benötigte.

3. Wozu regten diese Ausgrabungen Coubertin an?
Die deutschen Ausgrabungen regten ihn an, sich tiefer mit der Antike zu beschäftigen und den antiken Olympischen Geist auf die Gegenwart zu übertragen.

4. Er verfolgte zwei grundlegende Ziele.
Welche?
A) den Sport in Frankreich voranzubringen;
B) Völkerverständigung zu praktizieren und dem Weltfrieden zu dienen durch regelmäßige sportliche Treffen der „Jugend der Welt".

5. Um welchen berühmten Aufruf Coubertins handelt es sich?
In seiner Rede sagte er:
„Lassen Sie uns Ruderer, Läufer, Fechter ins Ausland senden; das ist das wahre Freihandelssystem der Zukunft, und an dem Tag, an dem es in die Sitten des alten Europa eingedrungen sein wird, wird der Sache des Friedens eine neue und mächtige Stütze erwachsen sein."

6. Im Juni 1894 lud Coubertin zu einem Internationalen Kongress nach Paris ein. An dessen Ende standen zwei fundamentale Beschlüsse.
Welche?
A) die Gründung des IOC;
B) die Vergabe der 1. Olympischen Spiele 1896 nach Athen.

7. Welches Amt war das?
Das Amt des IOC-Präsidenten.
Danach Ehrenpräsident der Olympischen Spiele auf Lebenszeit.

Lösungsblatt 06

Die Olympische Idee

Der Kerngedanke der Olympischen Idee:

In der Charta des IOC, Fassung vom 7. Juli 2007, heißt es im Abschnitt „Grundlegende Prinzipien des Olympismus" unter anderem:

„Der Olympismus ist eine Lebensphilosophie, die in ausgewogener Ganzheit die Eigenschaften von Körper, Wille und Geist miteinander vereint und überhöht. Durch die Verbindung des Sports mit Kultur und Bildung zielt der Olympismus darauf ab, eine Lebensart zu schaffen, die auf der Freude an Leistung, auf dem erzieherischen Wert des guten Beispiels sowie auf der Achtung universell gültiger fundamentaler ethischer Prinzipien aufbaut.

Ziel des Olympismus ist es, den Sport in den Dienst der harmonischen Entwicklung des Menschen zu stellen, um eine friedliche Gesellschaft zu fördern, die der Wahrung der Menschenwürde verpflichtet ist." (Übersetzung von Prof. Dr. Christoph Vedder und Prof. Dr. Manfred Lämmer).

Unter der Olympischen Idee versteht man 5 Visionen/Ideen, die auf Coubertin zurückgehen:

1. Die Vision von einer harmonischen Ausbildung des ganzen Menschen

Nach Coubertin soll sich die menschliche Entwicklung vollziehen in der Einheit von Körper, Wille und Geist sowie von Kultur und Kunst.

2. Die Idee von der menschlichen Vervollkommnung

Vollkommenheit bedeutet nach Coubertin nicht nur das Streben danach, Bester zu sein, sondern vielmehr das Beste aus seinen individuellen Möglichkeiten zu machen, Freude an der Leistung zu haben und gerne dazu zu lernen.

3. Die Vorstellung der freiwilligen Bindung im sportlichen Handeln

Hierbei geht es um 2 Prinzipien im Sport: Prinzip der Freiwilligkeit und Prinzip der Fairness.

4. Der Friedensgedanke und die Völkerverständigung

Für Coubertin war der Sport ein Mittel, um beizutragen zur Erhaltung des Friedens und Vertiefung Völkerfreundschaft. Hierin steckt die des olympischen Internationalismus. Die „Jugend der Welt" solle die Gelegenheit erhalten, sich regelmäßig zu treffen, sich friedlich zu begegnen, sich kennenzulernen, gegenseitige Vorurteile und Misstrauen abzubauen und Achtung und Respekt voreinander zu entwickeln.

5. Die Vision von der Gleichberechtigung

Mit seiner Forderung „All Games, all Nations" (alle Sportarten, alle Nationen) hatte Coubertin im „Visier": Die Gleichberechtigung der Nationen, Sportarten, Weltanschauungen, Rassen, Kulturen und Geschlechter.

Lösungsblatt 07

Was bedeutet es für uns Golfer, im Geiste der Olympischen Idee (bzw. nach den Olympischen Idealen) zu handeln?

Im Sinne des Olympismus sich „olympisch" zu verhalten, heißt für mich ...

1. ... dauerhaft zu lernen, zu üben, zu trainieren!
Denn: Der olympische Sport ist mehr als nur Sieg oder Erfolg.
Es geht vor allem um Harmonie, Gesundheit und Charakterformung durch den Sport. Und das ist nur möglich, wenn man Sport möglichst ein Leben lang ausübt. Ich nehme es mir vor.

2. ... leistungsbereit zu sein, Leistung zu zeigen!
Denn: Der olympische Sport schließt das „Streben nach menschlicher Vollendung" ein. Gemeint ist das Bemühen um sportliches Können, um sportliche Leistung. Davon ausgehend, setze ich mir sportliche Ziele, übe beharrlich, bin ich willens an Wettkämpfen teilzunehmen, zeige ich Leistungsbereitschaft und Leistung und strebe ein individuelles gutes Resultat an, das meinen Fähigkeiten und meinem Trainingszustand entspricht.

3. ... fair zu sein!
Denn: Wie sagte doch Coubertin: "Das Wichtige am Leben ist nicht der Triumph, sondern der Kampf. Wesentlich ist nicht gesiegt, sondern ritterlich gut gekämpft zu haben."
Damit ist eigentlich alles gesagt. In diesem Sinne werde ich künftig die Golfetikette und die Golfregeln noch konsequenter zur Grundlage meines Spiels machen.

4. ...für Friedlichkeit und Gleichberechtigung einzutreten!
Denn: Frieden, Völkerverständigung und Gleichberechtigung waren von Anbeginn die wichtigsten Zielstellungen der Olympischen Bewegung. Sie sind es heute noch. Daher glaube ich, dass wir Golfer dann olympisch handeln, wenn wir einerseits Friedfertigkeit und Gleichberechtigung selber praktizieren und andererseits gegen Gewalt und Diskriminierung (nach Religion, Geschlecht, Hautfarbe usw.) eintreten. So werde auch ich künftig noch mehr als bisher die Werte anderer Kulturen akzeptieren sowie anderen gegenüber tolerant sein, soll heißen, das zu achten, was mir fremd erscheint.

5. ... mehr Olympisches Wissen anzueignen!
Denn: Muskeltraining allein reicht nicht zur Menschenbildung, meint Coubertin. Es geht um die Harmonie! Und Wissen gehört unbedingt dazu.
So werde ich also einen Teil meiner Freizeit nutzen, um mich ausgiebiger zu informieren, z.B. über die Geschichte der Olympischen Spiele, Symbole und die Festkultur der Spiele, Probleme des olympischen Sports heute, Landeskundliches entsprechend der Austragungsorte, sportliche Ernährungs- und Lebensweise usw.

Lösungsblatt 08

Höhepunkte der Olympischen Spiele

Und so laufen die Feiern nach einer festen Zeremonie ab:

Die Eröffnungsfeier der Olympischen Spiele:

1. Hissen der Flagge und Abspielen der Nationalhymne des Gastgeberlandes.
2. Künstlerische Darbietungen, die die Kultur des Gastgeberlandes repräsentieren.
3. Einmarsch der teilnehmenden Athleten ins Stadion, jeweils ein Athlet geht einige Schritte vor seiner Mannschaft und trägt dabei die Flagge seines Landes. Seit 1928 marschiert stets die Mannschaft Griechenlands als erste ins Stadion, um an die antike Tradition zu erinnern. Danach folgen die anderen Nationen in alphabetischer Reihenfolge der Hauptsprache des Gastgeberlandes. Den Abschluss des Einmarschs bildet die Mannschaft des Gastgeberlandes.
4. Kurze Rede des Vorsitzenden des Organisationskomitees.
5. Ansprache des IOC-Präsidenten.
6. Das Staatsoberhaupt des Gastgeberlandes eröffnet formell die Spiele.
7. Abspielen der Olympischen Hymne während die Olympische Flagge ins Stadion getragen wird.
8. Alle Flaggenträger der Länder versammeln sich um ein Podium. Ein Athlet und ein Schiedsrichter sprechen den Eid.
9. Abschluss des Fackellaufs mit Entzünden des Olympischen Feuers.
10. Ausmarsch.

Die Schlussfeier der Olympischen Spiele:

1. Einmarsch der Athleten ins Stadion, jedoch nicht nach Ländern geordnet, sondern bunt gemischt. Damit wird die Verbundenheit der Athleten nach Ende der Wettkämpfe symbolisiert.
2. Es werden Ehrungen für Helfer/Organisatoren vorgenommen.
3. Der Chef des OK-Komitees hält eine kurze Ansprache.
4. Der IOC-Präsident ergreift das Wort für seine Abschlussrede, in der er die Spiele für beendet erklärt und gleichzeitig „die Jugend der Welt" aufruft, sich in vier Jahren erneut zu treffen.
5. Der Bürgermeister der aktuellen Olympiastadt übergibt die Olympische Flagge an den IOC-Präsidenten.
6. Der IOC-Präsident gibt diese weiter an den Bürgermeister der nächsten Olympiastadt.
7. Der künftige Gastgeber präsentiert sich mit einer kurzen kulturellen Darbietung.
8. Die Olympische Hymne wird gespielt und das Olympische Feuer gelöscht.
9. Ausmarsch der Sportler in lockerer und fröhlicher Form.

Lösungsblatt 09

Olympische Symbolik (1)

A) Olympische Ringe

Mögliche Antworten auf die 4 Fragen:

1. Wie ordnet das IOC die Olympischen Ringe ein?

Sie sind das Symbol der Olympischen Bewegung und offizielles Emblem des IOC. Zusammen auf weißem Grund bilden die fünf ineinander verschlungenen Ringe die Olympische Flagge.

2. Worin bestand Coubertins ursprüngliche Idee?

Coubertin wollte, dass sich aus der weißen Grundfarbe und den fünf weiteren Farben die Nationalflaggen aller Staaten der Welt zusammenstellen ließen.

3. Was symbolisieren die Ringe heute?

Heute symbolisieren die Ringe die Einheit der fünf Kontinente und das Treffen der Athleten aus aller Welt bei den Olympischen Spielen.

4. Male die Ringe in den 5 Farben aus:

von links nach rechts: blau, gelb, schwarz, grün, rot auf weißem Untergrund, d.h. vom Fahnenmast ausgehend.

B) Olympische Hymne

Zur Interpretation des Textes:

Bedenke: Die Hymne wurde eigens für die 1. Olympischen Spiele 1896 in Athen geschrieben: Von den Griechen Kostas Palamas (Text) und Spiridon Samaras (Komponist). Denke z.B. auch darüber nach: Hymnen sind im Allgemeinen Loblieder. **Trifft das auch auf diese Hymne zu?**

Ja, die Olympische Hymne ist ein Loblied in doppelter Hinsicht. *Zum einen* wird der uralte unsterbliche Geist, der wahre Vater, gepriesen. Damit ist sicherlich der Göttervater Zeus gemeint. Vor allem ihm waren die antiken Spiele gewidmet. Er solle vom Olymp" herabsteigen" und erstrahlen.

Zum anderen ist sie ein Loblied auf das antike Olympia, seine Werte und Tugenden mit dem Ideal des stählernen und anmutigen Körpers. Die Olympioniken sollen in edlen Kämpfen wetteiferten, um die Anerkennung des Volkes (die Pilger) zu erlangen und nicht zuletzt, um dem "unsterblichen Geist" zu huldigen. Mit dem „nie verwelkenden Zweig" meint der Texter den antiken Siegerkranz von den Zweigen des heiligen Ölbaums. Im ganzen Sinne ist die Hymne eine Rückbesinnung an den ursprünglichen olympischen Gedanken.

Seit 1958 ist sie offizielle olympische Festmusik des IOC und wird während der Eröffnungs- und Abschlussfeier der Spiele beim Hissen/Einholen der Olymp. Flagge gespielt und/oder gesungen.

Lösungsblatt 10

Olympische Symbolik (2)

C) Olympisches Feuer, Olympischer Fackellauf

Zur 1. Aufgabe:
Hier der komplette Text:

Das Olympische Feuer wird im griechischen **Olympia** einige Monate vor der Eröffnung der Olympischen Spiele von Schauspielern in Gestalt von Priesterinnen vor den Ruinen des **Heratempels** entzündet.

Choreografie und Kostüme sind der **Antike** nachempfunden.

Das Feuer wird mittels Parabolspiegels durch Bündelung des Sonnenlichts entfacht.

Danach wird es in einem Tongefäß in das alte Stadion getragen.

Dort wird die Flamme durch die „Hohepriesterin" dem ersten Läufer **per Fackel** übergeben.

Erste Station ist das Panathinaikon-Stadion in **Athen**, in dem die 1. Olympischen Spiele der Neuzeit im Jahre **1896** stattfanden.

Bis 2008:
Der weitere Verlauf wird durch das NOK der jeweiligen Olympischen Spiele organisiert. Die Fackel wird normalerweise von **Staffelläufern** zu Fuß getragen, über längere Distanzen ist aber eine Beförderung mit anderen Transportmitteln wie Pferd, Auto, Fahrrad, Flugzeug oder Schiff möglich. Um einen sicheren Transport zu gewährleisten, kann die Flamme in einer Grubenlampe geschützt werden.

Zur 2. Aufgabe:
Verschiedene Varianten sind möglich. Vergleicht eure Fackellauf-Routen miteinander und wählt die günstigste aus.

Denkbar wäre diese Route:
Olympia – Athen – per Flugzeug nach Porto Alegre (Süd-Brasilien), dann weiter durch alle 27 Bundesstaaten Brasiliens bis zur Olympiastadt Rio de Janeiro:
1. Rio Grande do Sul 2. Santa Catarina 3. Paraná 4. São Paulo 5. Mato Grosso do Sul 6. Mato Grosso 7. Rondônia 8. Acre 9. Amazonas 10. Roraima 11. Pará 12. Amapá 13. Tocantins 14. Maranhão 15. Piauí 16. Ceará 17. Rio Grande do Norte 18. Paraíba 19. Pernambuco 20. Alagoas 21. Sergipe 22. Bahia 23. Goiás 24. Distrito Federal Brasília 25. Minas Gerais 26. Espírito Santo 27. Rio de Janeiro

Lösungsblatt 11

The IOC-Campaign „Olympism in Action"

Hier die Übersetzungen und mögliche Schlussfolgerungen:

The motto: „To build a better world through sport"
Das Motto: **„Eine bessere Welt durch Sport schaffen"**

The content: **(Der Inhalt)**

3 Olympic Values: **(3 Olympische Werte)**

1. Excellence **(Leistungsbereitschaft, Bestleistung, hervorragende Leistung)**
   Das bedeutet für mich: *persönliche Ziele stellen und erreichen wollen; das persönlich Beste geben; es geht nicht nur um das Gewinnen, sondern auch um die Teilnahme.*

2. Respect **(Respekt)**
   Das bedeutet für mich: *Sich selbst und andere respektieren; Regeln/Vorschriften einhalten; Umwelt respektvoll behandeln. Also: Fairplay sowie Bekämpfung von Doping, Betrug usw.*

3. Friendship **(Freundschaft)**
   Das bedeutet für mich: *Einzutreten für Solidarität, Teamgeist, Toleranz und Freundschaft zwischen den Menschen und Völkern aus aller Welt.*

6 Fields of Activities: **(6 Aktivitätsfelder/bereiche)**

1. Development through sport: Putting human beings first
   (harmonische) Entwicklung durch Sport: die Menschen stehen im Mittelpunkt

2. At grassroots level: Sport belongs to everyone
   An der Basis / Breitensport: Der Sport gehört allen

3. Education through sport: Developing body, will and mind
   Erziehung durch Sport: Körper, Wille und Geist entwickeln

4. Peace through sport: Forging friendships among athletes
   Frieden durch Sport: Freundschaften zwischen den Athleten schmieden

5. Environment: Preserving precious resources
   Umwelt: Bewahrung /Schutz der kostbaren Ressourcen

6. Women and sport: Promoting women's participation
   Frauen und Sport: Förderung der Beteiligung der Frauen

Lösungsblatt 12

Fair geht vor:

1. Grundsätzliches

Halten wir als Ergebnis der Diskussion abschließend fest:

1. Fair Play ist eine **moralische Grundhaltung**, sie bedarf der …

- *Friedfertigkeit,*
- *Mitmenschlichkeit,*
- *Ehrlichkeit,*
- *Gerechtigkeit,*
- *Toleranz,*
- *Solidarität und*
- *Selbstdisziplin.*

2. Fair Play bedeutet Verantwortung gegenüber dem **Gegner** als dem sportlichen Partner und schließt in diesem Sinne den **Respekt** vor des Partners **körperlicher** und **seelischer** Unversehrtheit ein, also Respekt vor dessen **Menschenwürde!**

3. Fair Play bedeutet **Position zu beziehen** gegen Missachtung der Olympischen Werte, wie …

- *Doping,*
- *Betrug,*
- *Rassismus,*
- *Beschimpfungen,*
- *Beleidigungen.*

Lösungsblatt 13

Fair geht vor:

2. Golf und Fair Play

Mit dem „**Spirit of the Game**" wird der wahre Geist des Golfspiels beschrieben.

Aufgabe 1:

Der „Spirit of the Game" besteht aus diesen 4 Säulen:
1. im ehrlichen Spiel nach geltenden Regeln,
2. in der Rücksichtnahme auf andere Spieler,
3. im disziplinierten Verhalten,
4. im höflichen Auftreten.

Diese 4 Verhaltensweisen kann man sich auch mit diesen 4 Stichworten einprägen:

H E R D

1. H = wie **Höflichkeit!**

2. E = wie **Ehrlichkeit!**

3. R = wie **Rücksichtnahme!**

4. D = wie **Disziplin!**

Aufgabe 2:
Individuelle Lösungen!

Abschließend hierzu: Denkt auch über diese Tipps nach:

➢ Versuche dich in den anderen Mitspieler hineinzudenken und dann zu handeln.

➢ Halte der Versuchung stand, mit unlauteren Mitteln gewinnen zu wollen. Mache ehrlich dein Spiel. Wenn du fair bleibst, hast du auf einer anderen Art gewonnen: du hast über dich selbst gesiegt. Dieser Sieg ist viel bedeutsamer.

➢ Hilfreich ist das Vorbild. Suche dir sportliche Vorbilder, deren faires Verhalten du gutheißt und mache es so wie diese auch.

➢ Zeige dass du mutig bist, denn zum Fair play gehört auch Mut. Dein Mut verdient Dank und Anerkennung. Zolle auch anderen Respekt, die mutig auftreten und sich wahrhaft olympisch verhalten.

Lösungsblatt 14

Fair geht vor:

3. Fair Play in Action

Fair Play lernen / trainieren!

Wie folgt:

Ausgewählte Fair Play-Schwerpunkte:

Action 1:
Auf der Driving Range
Fair Play-Schwerpunkt:
> **Sicherheit und Rücksichtnahme beim Üben**

Action 2:
Learning by doing: Etikette/Regelkunde in Aktion, auf 1-3 Spielbahnen
Fair Play-Schwerpunkt:
> **Ehrlichkeit und Korrektheit Demos und Fallstudien auf dem Golfplatz**

Action 3:
Mannschaftswettbewerb, Texas Scramble, Kurzplatz, 6-9 Löcher
Fair Play-Schwerpunkt:
> **Teamgeist und Leistungsbereitschaft**

Action 4:
Einzel-Zählspiel, 3-4 Löcher
Fair Play-Schwerpunkt:
> **Kooperatives Verhalten im Flight**

Final-Action:
Wettspiel über 9 Loch auf dem Masterplatz.
Fair Play-Schwerpunkt:
> **Leistung macht Spaß, Leistung zeigen, trotz, nein gerade wegen Fair Play**

Lösungsblatt 15

Citius – Altius – Fortius

Wenn es um Leistungen im Sport geht, wird das Olympische Motto „citius-altius-fortius" (**schneller-höher-stärker**) ins Feld geführt. Dieser Leitgedanke wird unterschiedlich ausgelegt.

Zum einen:
Im Hochleistungssport wird leider zum Teil mit unehrlichen Mitteln gekämpft, weil man eben schneller, höher, stärker als alle anderen sein will, um über den Sieg an das große Geld zu kommen.

Zum anderen:
Die Verfechter der Olympischen Ideale erinnern an **Pierre de Coubertin**, den Begründer der Olympischen Spiele der Neuzeit, der den Sportlern sinngemäß mit auf dem Weg gab: *Nicht der Sieg ist das Wichtigste, sondern ritterlich gut gekämpft, sich dabei verbessert und mit Freude hinzugelernt zu haben.*
Dieser olympische Anspruch gilt auch heute noch.

Wichtige Erkenntnis daraus:
Die olympische Leistungserwartung hat demnach eine individuelle Dimension, ist also eine Aufforderung zur **individuellen** Leistungsbereitschaft.

Generelle Schlussfolgerungen:
Olympisch handelt also derjenige, …
> der aus seinen Möglichkeiten **sein persönlich Bestes** gibt, um etwas besser zu können als zuvor,

> der um die Erreichung **seiner individuellen** Leistungsziele kämpft,

> der auf dem Wege dazu, auch **Freude** empfindet.

Das trifft für alle Ebenen des Sports zu:
für den Leistungssport wie für den Breitensport.

In diesem Sinne begreifen wir auch die Devise der Deutschen Olympischen Gesellschaft (DOG)

„Leistung **macht Spaß**".

Der Sieg ist zwar der höchste Ausdruck sportlicher Leistungsfähigkeit, aber er ist eben nicht alles.

Zu den persönlichen Bewertungen und Schlussfolgerungen:
Individuelle Lösungen!

Lösungsblatt 16

Die olympischen Golfturniere 1900 in Paris und 1904 in St. Louis

Hier die ausgefüllte Tabelle:

	1900	1904
TEILNAHME Nationen	4	2
Männer	12	75
Frauen	10	---
GOLFANLAGE 9 Löcher / 18 Löcher	**9 Loch-Anlage**	**18 Loch-Anlage**
TURNIERMODUS Damen	**Einzelzählspiel 9 Löcher**	**Kein Turnier**
Männer	**Einzelzählspiel 36 Löcher**	*Einzel:* **Qualifikation: Zählspiel, 1 R. Finale: Match-Play, 4 Runden** *Mannschaft:* **Zählspiel 36 Löcher**
PLATZIERUNGEN Damen	**1. Margaret Abbott, USA 2. Polly Whittier, USA 3. Daria Pratt, USA**	**Kein Turnier**
Männer	**1. Charles Sands, USA 2. Walter Rutherford, GB 3. David Robertson, GB**	*Einzel:* **1. George Lyon, KAN 2. Chandler Egan, USA 3. Burt McKinnie, USA** *Mannschaft:* **1.- 3. USA-Teams**

Lösungsblatt 17

Der Blick nach vorn:
Die Olympischen Golfturniere 2016 und 2020

Die ergänzenden Fakten über das Olympische Golfturnier 2016:

Der Zeitpunkt:
Die Olympischen Spiele werden im Jahr 2016 vom **05.** bis **21.** August in **Rio de Janeiro** (Brasilien) ausgetragen.

An insgesamt **8** Tagen findet das Olympische Golfturnier statt.

Austragungsort:
Riserva de Marapendi im Bezirk **Barra da Tijuca** bei **Rio de Janeiro**

designt von **Hanse Golf Course Design**, USA

Auf Vorschlag der International Golf Federation (IGF) wird das Olympische Golfturnier getrennt nach Herren und Damen wie folgt ausgetragen:

Der Modus:
An **vier** Tagen für die Herren und **vier** Tagen für die Damen wird als Spielform ein Einzel-**Zählspiel** über **72** Löcher gespielt.
Wer nach diesen **vier** Runden die **wenigsten** Schläge benötigt hat, ist Olympiasieger. Im Falle eines Stechens werden **drei** Löcher zusätzlich gespielt.
Die drei Besten erhalten die Gold-, Silber- und Bronzemedaille.

Teilnehmer:
Das Teilnehmerfeld wird sich aus **60** Damen und **60** Herren zusammensetzen.

Basis der Auswahl:
Die besten **15** der Weltrangliste qualifizieren sich automatisch, unabhängig aus welchem Land sie kommen.

Der Rest des Feldes wird ebenfalls durch die Weltrangliste bestimmt, aber mit maximal **zwei** Spielern pro Land.

Zum „eigenen Olympia-Turnier":
Verschiedene Varianten in Abhängigkeit von Zeit und Bedingungen.

Lösungsblätter 18 - 21

Die **Arbeitsblätter 18 bis 21** beinhalten informative Lesetexte.

Der unterrichtende Lehrer / Trainer sollte nach eigenem Ermessen sowie in

Abhängigkeit von Zeitvolumen und Alter der Kinder und Jugendlichen eine

Verständigung zu den angebotenen Inhalten durchführen.

Lösungsblätter 22 - 39

Die Arbeitsblätter **22 bis 39** thematisieren Fair Play und Golfetikette in Form von grafischen Darstellungen mit Fill-in-Texten.

Zur Auflösung der Aufgaben kann man die entsprechenden Grafiken im Kapitel IV des Buches aufschlagen und vergleichen oder diesen Lösungsschlüssel verwenden:

Loch	Fehlende Wörter in der Reihenfolge des Textes
1.	Schläger; Materialien
2.	Reichweite; nicht
3.	Ballflug; Fore!
4.	schlagen; Gespräche; Bewegungen; Handys
5.	Puttlinien; Schatten
6.	Flights; unterwegs; am
7.	Anschluss; Nacht
8.	Schlag; jederzeit; bereit
9.	Next Tee; Zeit
10.	verloren; Aus; provisorischen
11.	Flight; Zeichen; überholen
12.	Spieltempo
13.	Spuren; Harke
14.	Grasnarben; einzusetzen
15.	Grün; Pitchgabel
16.	Beschädigung; keine
17.	Bedienen; Grün; Loch; Lochkante
18.	Verstöße; Spielverbot; Sperre; Disqualifikation

Notizen:

63